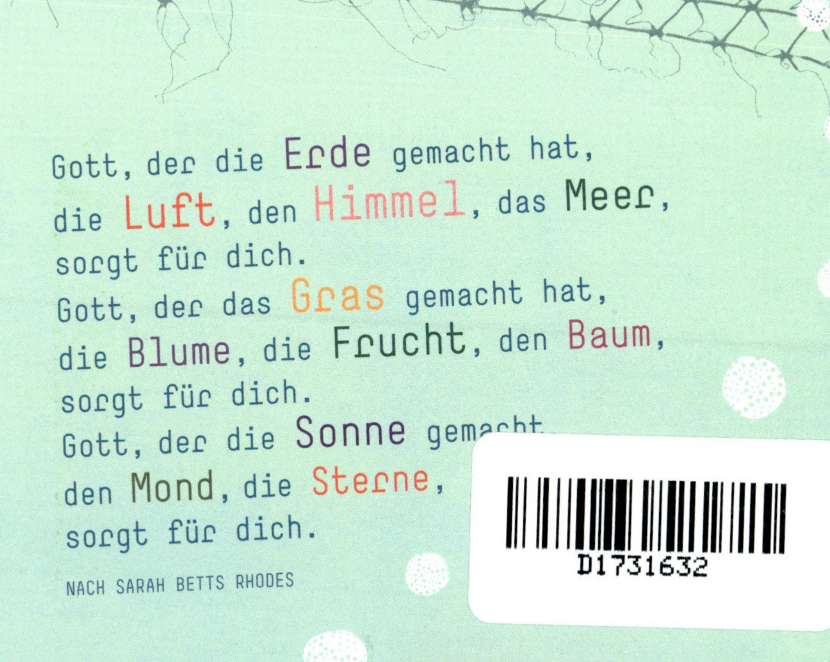

Gott, der die Erde gemacht hat,
die Luft, den Himmel, das Meer,
sorgt für dich.
Gott, der das Gras gemacht hat,
die Blume, die Frucht, den Baum,
sorgt für dich.
Gott, der die Sonne gemacht
den Mond, die Sterne,
sorgt für dich.

NACH SARAH BETTS RHODES

D1731632

Du bist du

Einmalig du –
niemand denkt, fühlt, spricht,
singt, tanzt wie du.
Deine Talente hast so nur du.
Von Gott geliebt, von Gott gewollt –
Gott, der an dich glaubt, der dich stärkt,
der will, dass du wirst, der du bist.
Du bist berufen, etwas zu tun oder zu sein,
wofür kein anderer berufen ist.
Du hast einen Platz in Gottes Plan,
auf Gottes Erde, den kein anderer hat.
Ob du reich oder arm bist,
verachtet oder geehrt bei den Menschen:
Gott kennt dich und
ruft dich bei deinem Namen.

NACH JOHN HENRY NEWMAN

Ich bin nur ein Funke,
mach aus mir Feuer.
Ich bin nur ein Ton,
mach aus mir Musik.
Ich bin nur ein Tropfen,
mach aus mir einen Brunnen.
Ich bin nur eine Feder,
mach aus mir einen Flügel.
Ich bin nur ein Bettler,
mach aus mir einen König.

GEBET AUS MEXIKO

Du gehst deinen Weg

Dein Wort ist meines Fußes Leuchte und ein Licht auf meinem Weg.

PSALM 119, 105

Um ein Stern zu sein,
musst du dein eigenes Licht verstrahlen,
deinen eigenen Weg gehen.

WOLF W. LASKO

Mit meinem Gott
kann ich über
Mauern springen.

PSALM 18, 30

GEHEN MITGEHEN AUFGEHEN WEGGEHEN LOSGEHEN GEMEINSAM GEHEN

Auf deinem Weg durchs Leben wird es Momente geben, in denen du besonders glücklich oder aber traurig und einsam bist. Gott hat dir diesen Psalm geschenkt, um dich daran zu erinnern, dass du in Glück und Leid von ihm gehalten wirst.

Der Herr ist mein Hirte.
Nichts wird mir fehlen.
Er weidet mich auf grünen Wiesen und
führt mich zum Ruheplatz am Wasser.
Er zeigt mir den richtigen Weg.
Und wenn ich auch im Dunklen gehe,
so habe ich doch keine Angst.
Denn du bist bei mir,
deine Kraft gibt mir Mut.
Bei dir weiß ich mich
sicher aufgehoben.

NACH PSALM 23

Es ist dein Leben

Das Leben ist eine Chance,
nutze sie.

Das Leben ist Schönheit,
bewundere sie.

Das Leben ist Seligkeit,
genieße sie.

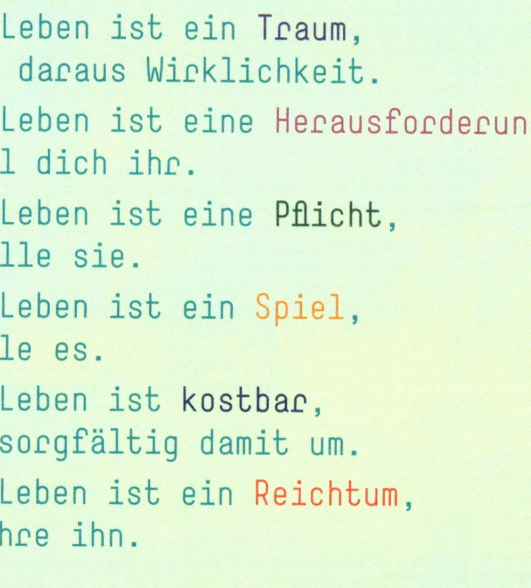

Das Leben ist ein Traum,
mach daraus Wirklichkeit.

Das Leben ist eine Herausforderung,
stell dich ihr.

Das Leben ist eine Pflicht,
erfülle sie.

Das Leben ist ein Spiel,
spiele es.

Das Leben ist kostbar,
geh sorgfältig damit um.

Das Leben ist ein Reichtum,
bewahre ihn.

Das Leben ist Liebe,
erfreue dich an ihr.
Das Leben ist ein Rätsel,
durchdringe es.
Das Leben ist ein Versprechen,
halte es.
Das Leben ist eine Hymne,
singe sie.
Das Leben ist ein Kampf,
kämpfe ihn.
Das Leben ist eine Tragödie,
ringe mit ihr.
Das Leben ist ein Abenteuer,
wage es.
Das Leben ist Glück,
verdiene es.
Das Leben ist Leben,
verteidige es.

MUTTER TERESA

Du bist ein Freund

Wo sich zwei Menschen umarmen,
da bilden sie einen Kreis.

FRIEDRICH HEBBEL

Die Welt ist so leer, wenn man nur Berge,
Flüsse und Städte darin denkt;
aber hier und da jemanden zu wissen,
der mit uns übereinstimmt,
mit dem wir auch stillschweigend fortleben,
das macht uns dieses Erdenrund
erst zu einem bewohnten Garten.

JOHANN WOLFGANG VON GOETHE

Zur Freundschaft gehört,
dass wir einander gleichen,
einander in einigem übertreffen,
einander in einigem nicht erreichen.

JEAN PAUL

Es gibt kaum ein beglückenderes Gefühl,
als zu spüren, dass man für andere
Menschen etwas sein kann.
Dabei kommt es gar nicht auf die Zahl,
sondern auf die Intensität an.

DIETRICH BONHOEFFER

Was bedeutet Gott für dich?

Dass ich nicht allein bin.
Er ist mein Halt im täglichen Leben.
Ich weiß, nichts geschieht umsonst.
Alles hat einen Sinn. LISA

Das weiß ich noch nicht,
obwohl ich es mit Hoffnung
in Verbindung bringe. PHILIPP

Ohne ihn hat nichts einen Wert.
Mit ihm ist das Leben voller Freude.
Die Welt geht nicht auf ohne Gott. ANNA

Etwas, das alles durchdringt, in allem ist. CHRISTIAN

Jemand, mit dem ich sprechen kann, der mir immer zuhört. LUKAS

Gott ist Liebe, Kraft, Freude, Frieden. HANNA

Gott bedeutet für mich, nicht allein zu sein. Er stärkt mich. MARIUS

Jeder hat einen Teil von Gott in sich. HENDRIK

Das Gefühl von Freiheit und Lebensfreude, wenn man allein an einem stillen Ort ist. MARIE

Du hast Zeit

Alles hat seine Zeit,
und jedes Geschehen
unter dem Himmel hat
seine Stunde:
geboren werden
hat seine Zeit,
sterben hat seine Zeit;
pflanzen und ernten,
weinen und lachen,
klagen und tanzen;
suchen und verlieren,
behalten und wegwerfen,
schweigen und reden,
lieben und hassen,
Streit und Friede
hat seine Zeit.

NACH PREDIGER 3

Alle Zeit, die nicht mit
dem Herzen wahrgenommen wird,
ist so verloren wie die Farben
eines Regenbogens für einen Blinden oder
das Lied eines Vogels für einen Tauben.

MICHAEL ENDE

Die Gegenwart
ist die einzige Zeit,
die uns wirklich gehört,
und wir sollten sie
nach Gottes Willen nutzen.

BLAISE PASCAL

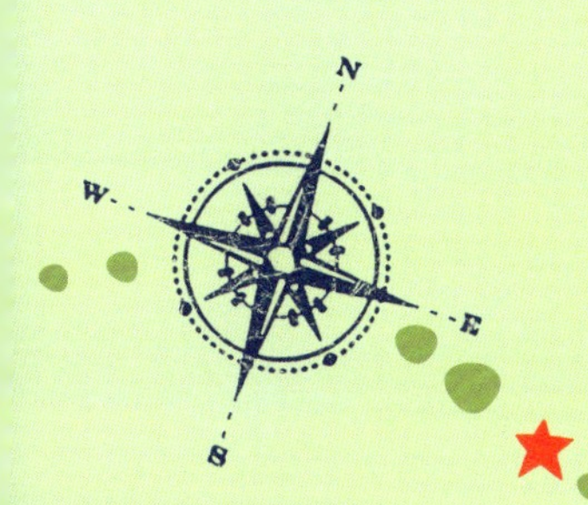

Du bist ein Segen

Herr, segne meine Hände und hilf,
dass sie behutsam sind,
dass sie halten können, ohne zur Fessel zu werden,
dass sie geben können ohne Berechnung,
dass sie die Kraft haben zu trösten und zu segnen.

Herr, segne meine Augen und hilf,
dass sie Elend und Traurigkeit wahrnehmen,
dass sie Unscheinbares nicht übersehen,
dass sie durch das Oberflächliche hindurchschauen,
dass andere sich unter meinen Blicken
wohl fühlen können.

Herr, segne meine Ohren und hilf,
dass sie deine Stimme hören,
dass sie hellhörig sind für Hilferufe,
dass sie verschlossen sind für Lärm und Geschwätz,
dass sie das Unbequeme nicht überhören.

Herr, segne meinen Mund und hilf,
dass er von dir spricht,
dass nichts von ihm ausgeht,
was verletzt und zerstört,
dass er heilende Worte spricht,
dass er Geheimnisse nicht ausplaudert.

Herr, segne mein Herz und hilf,
dass der heilige Geist sich in ihm niederlässt,
dass es Wärme schenken und beherbergen kann,
dass es bereit zum Verzeihen ist,
dass es Leid und Freude teilen kann.

NACH EINEM ALTEN SEGENSGEBET

Gottes Macht, um mich zu führen,
Gottes Kraft, um mich zu schützen,
Gottes Weisheit, um zu lernen,
Gottes Auge, um zu unterscheiden,
Gottes Ohr, um zu hören,
Gottes Wort, um aufzuklären,
Gottes Hand, um mich zu bedecken,
Gottes Weg, um sicher zu gehen,
Gottes Licht, um mich zu leiten,
Gottes Heer, um mich in Schutz zu nehmen.

IRISCHER SEGENSWUNSCH